ASSHOLE

SWEAR WORD COLORING BOOK

The Universe Adult Coloring Book featured with beautiful geometry

By

Florence Clark

Happy Coloring!

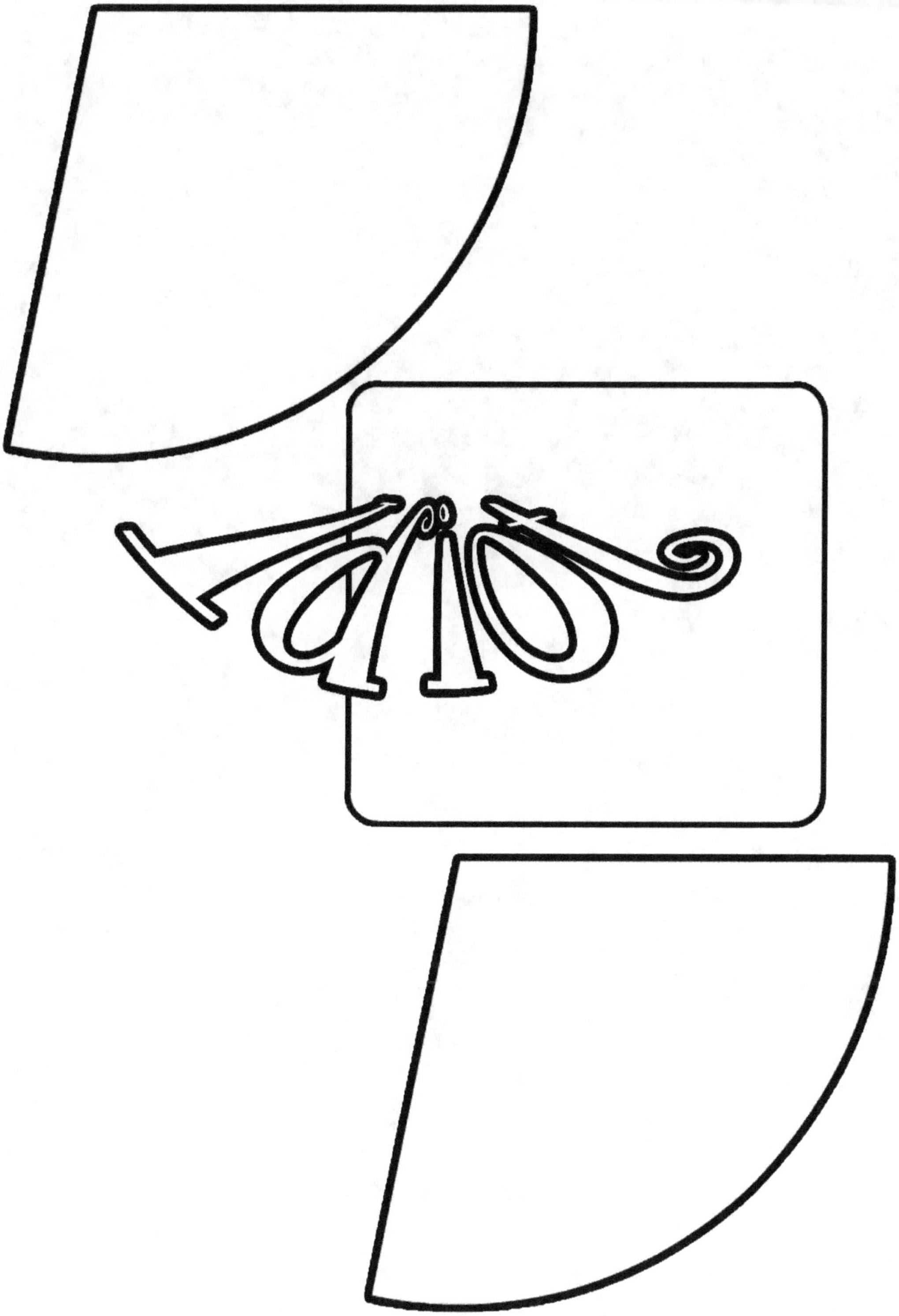

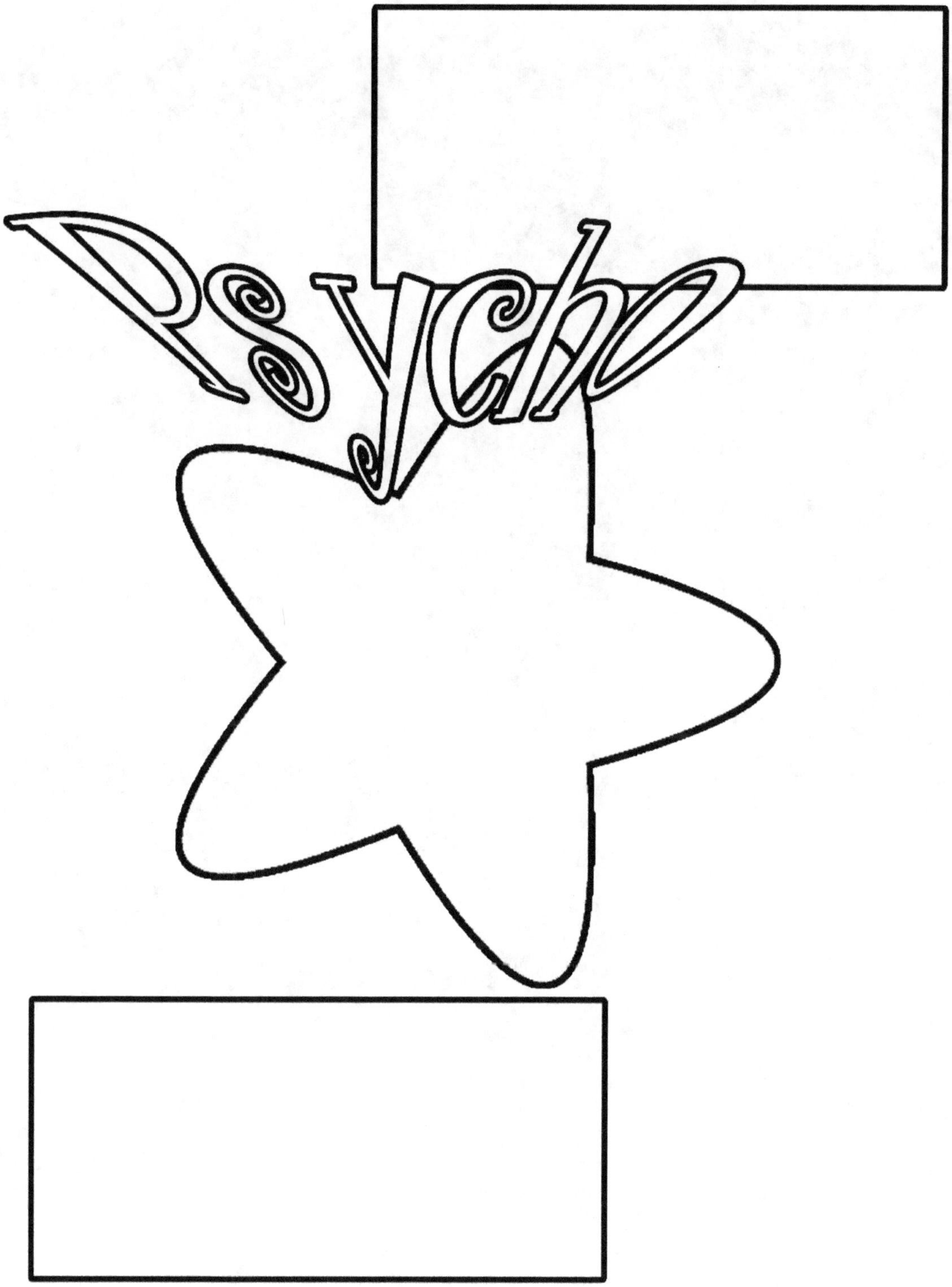
Psycho

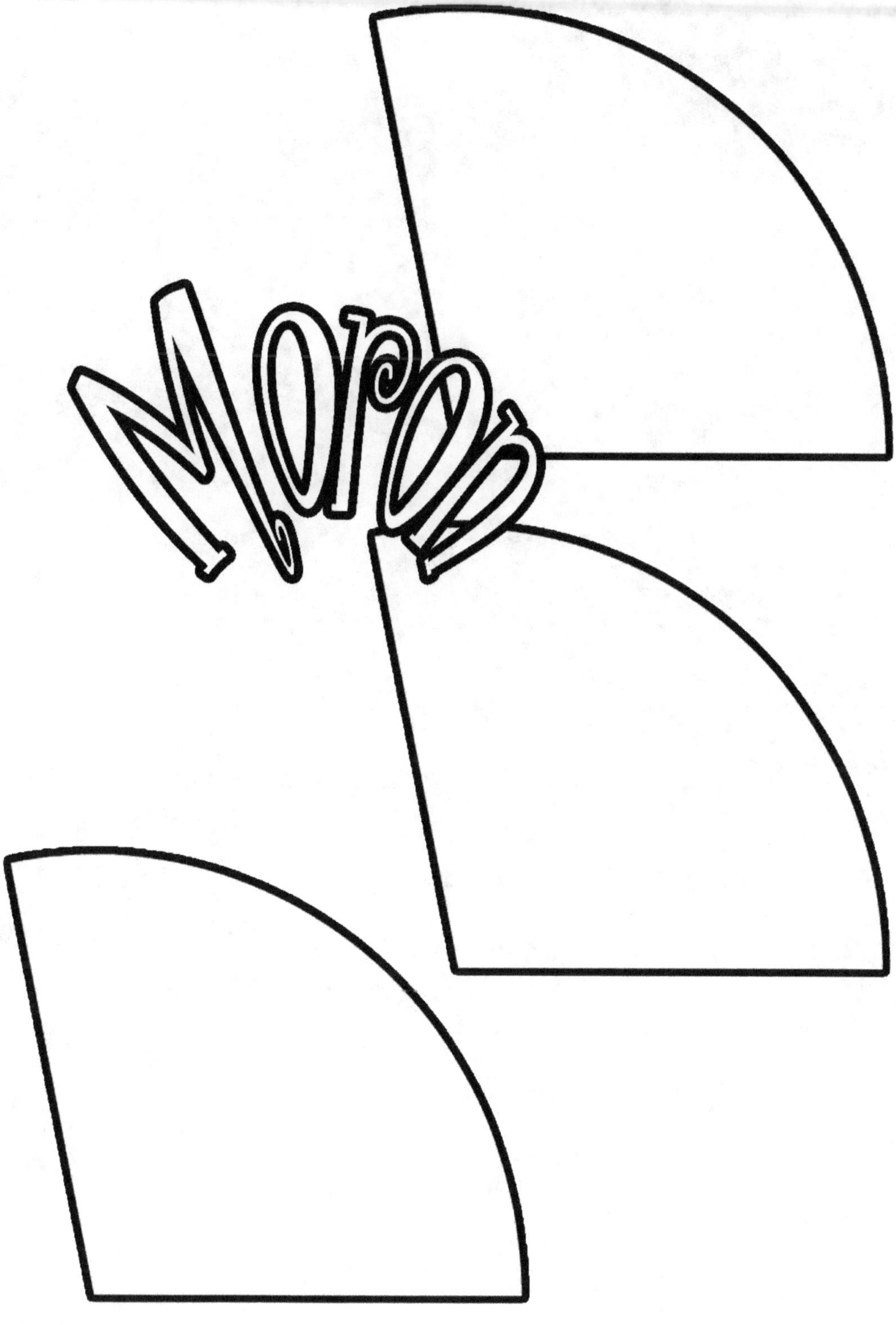
Moron

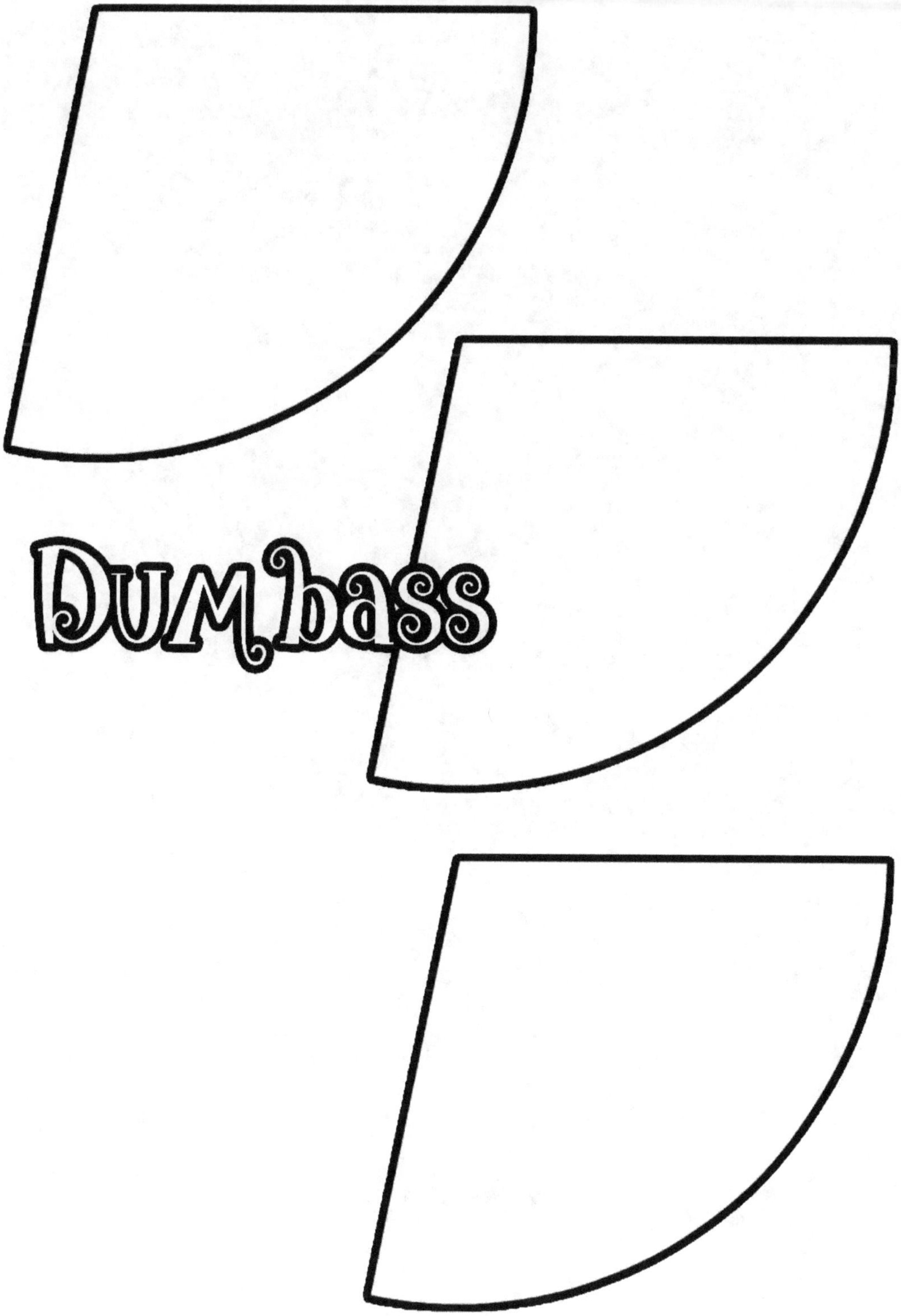
DUMbass

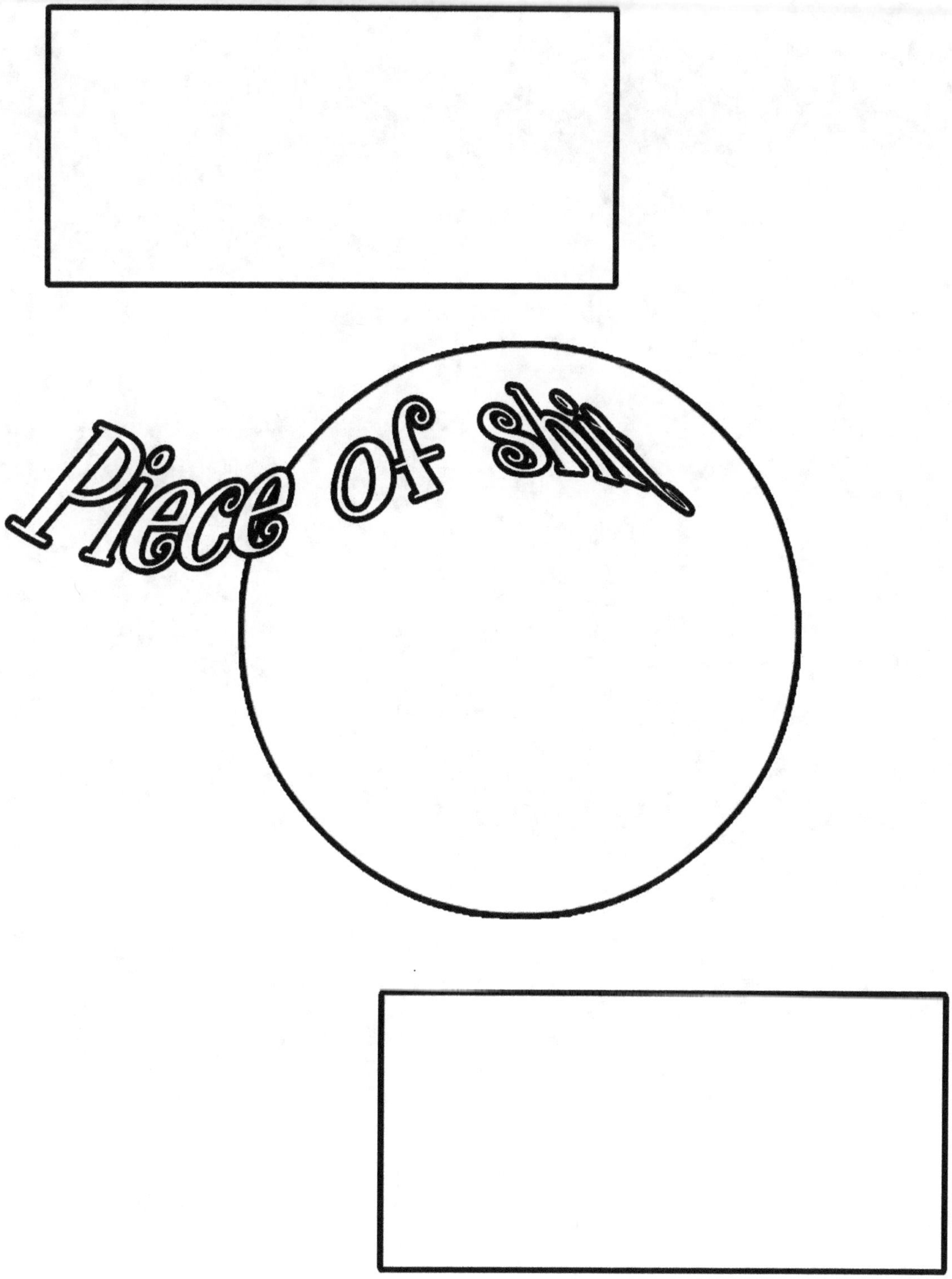
Piece of shit

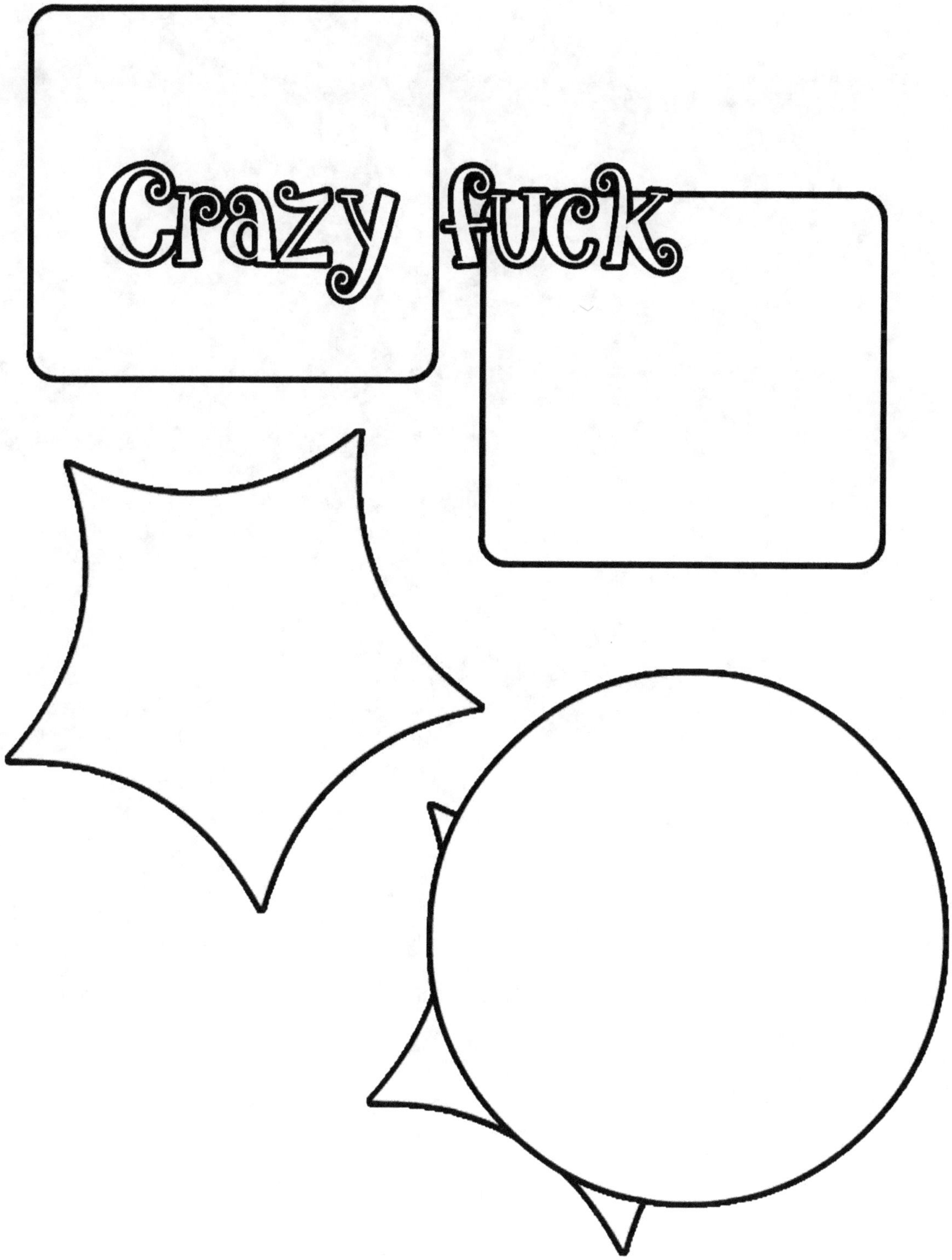
Crazy fuck

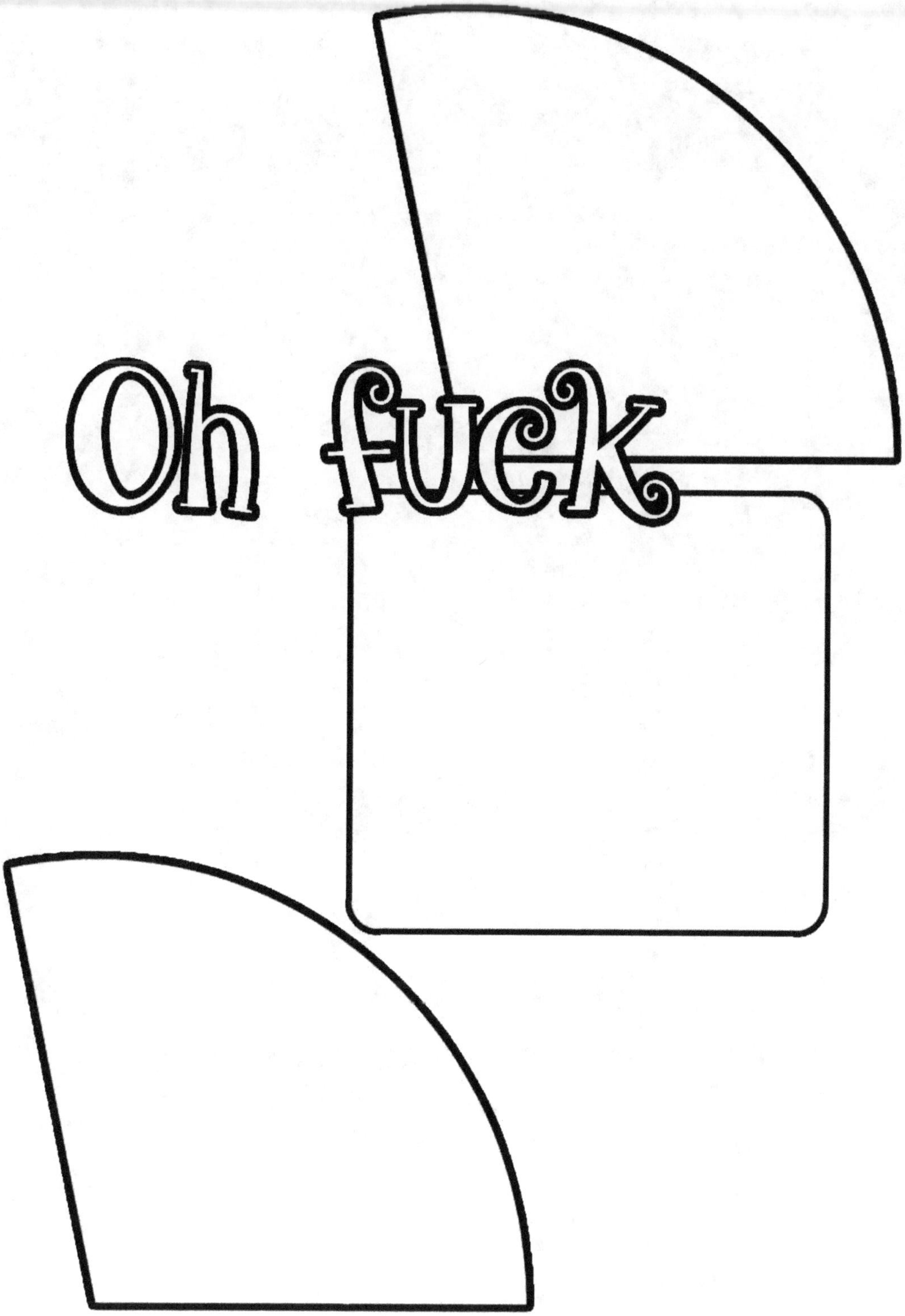
Oh fuck

sick fuck

Sicko

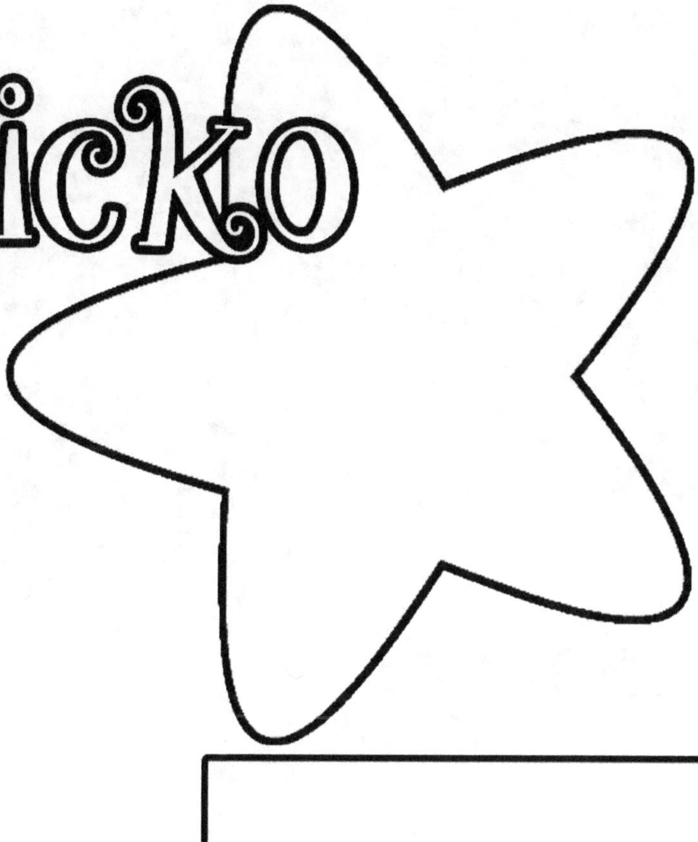

Pervert

Shut the fuck up

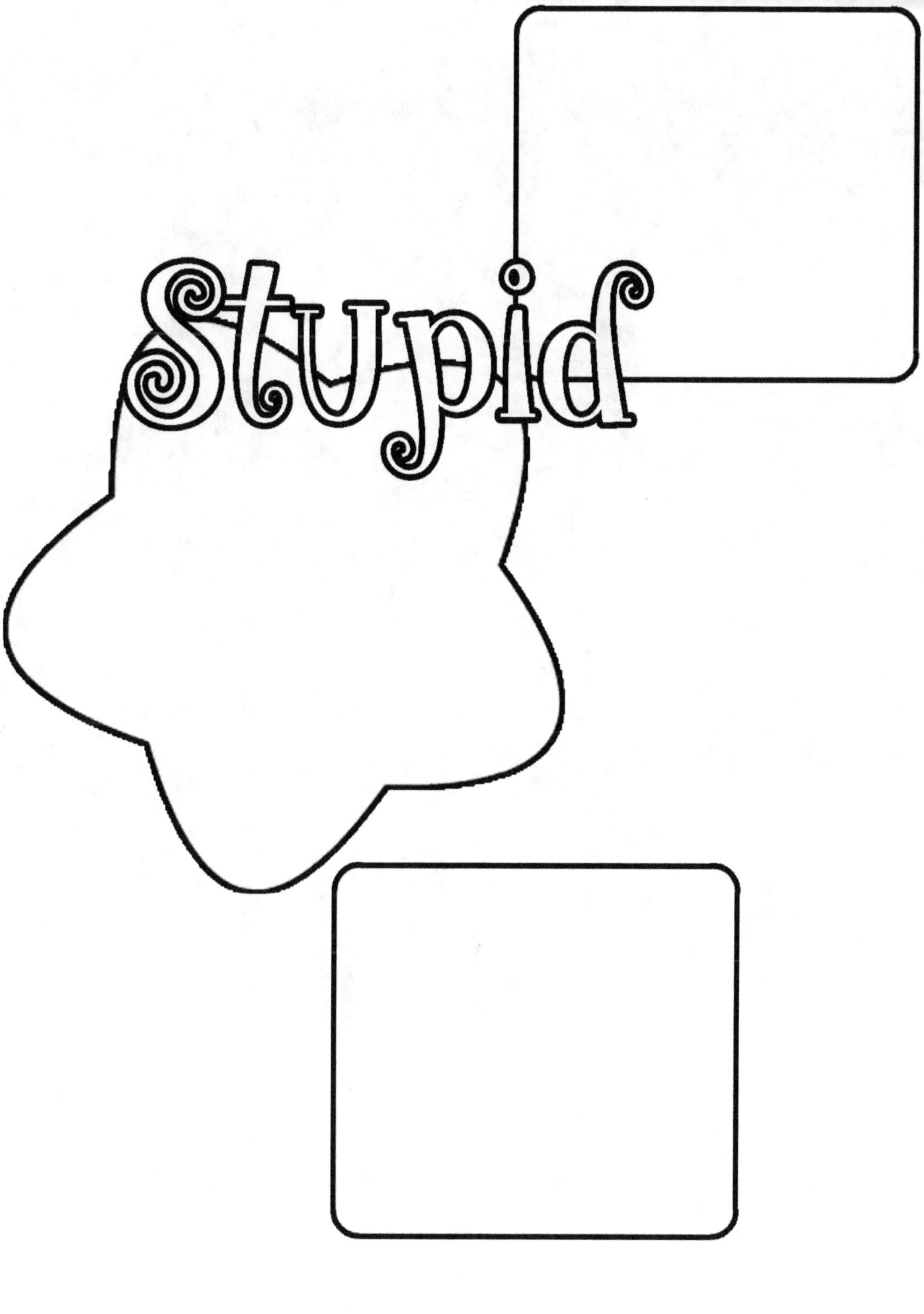
Stupid

Dumbass

what the hell

What the heck

Go fuck Yourself

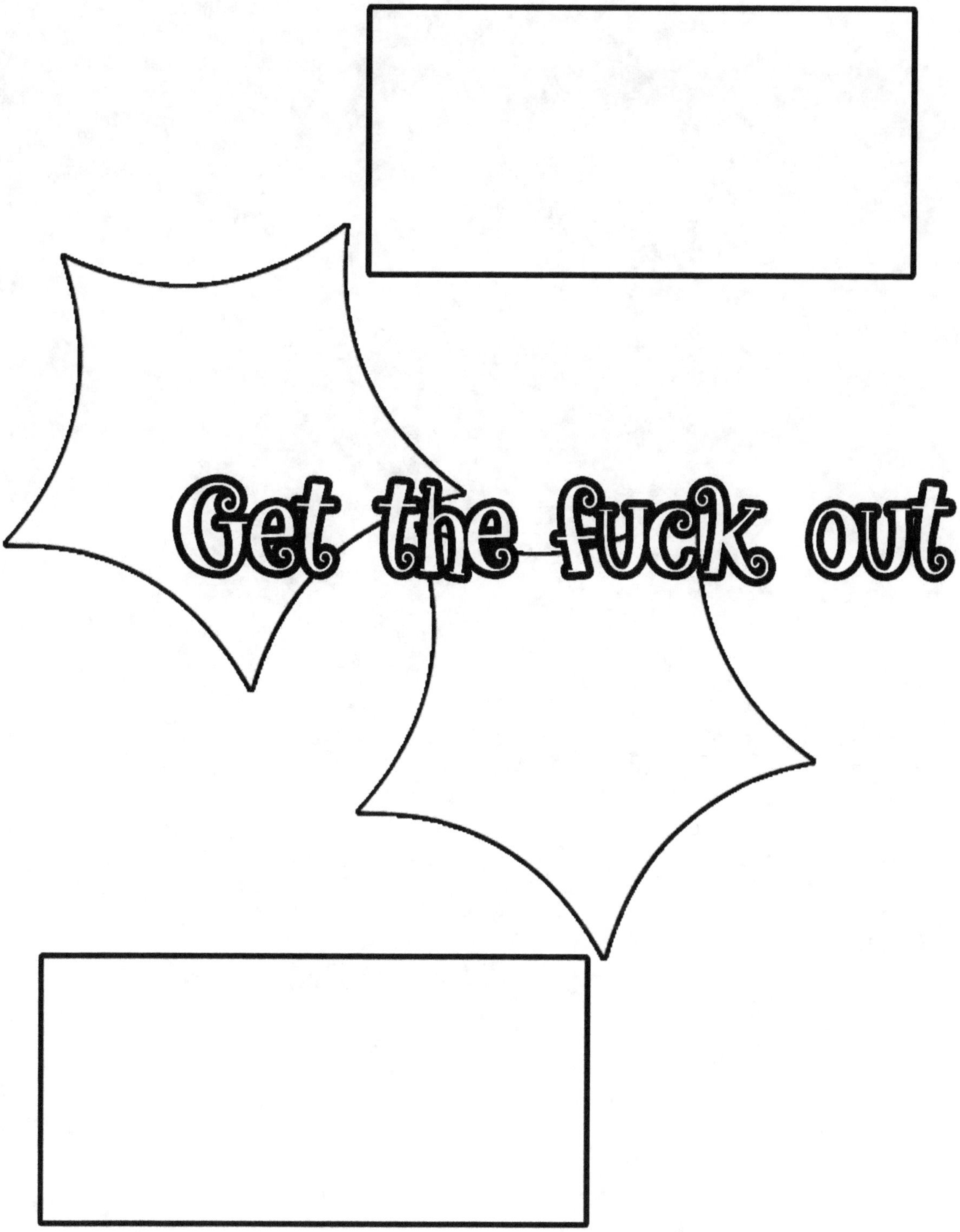
Get the fuck out

Oh my fucking god

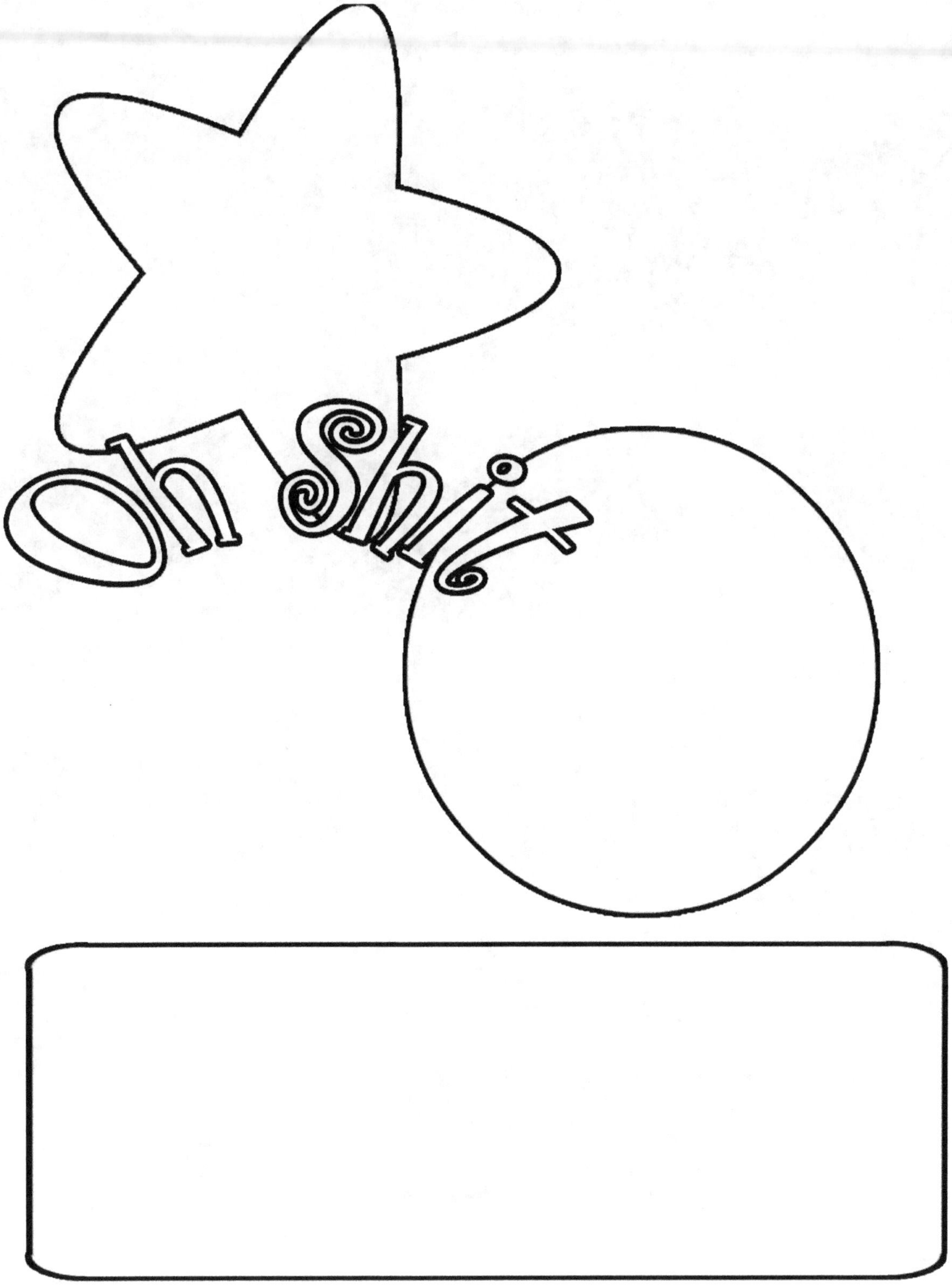
oh Shit

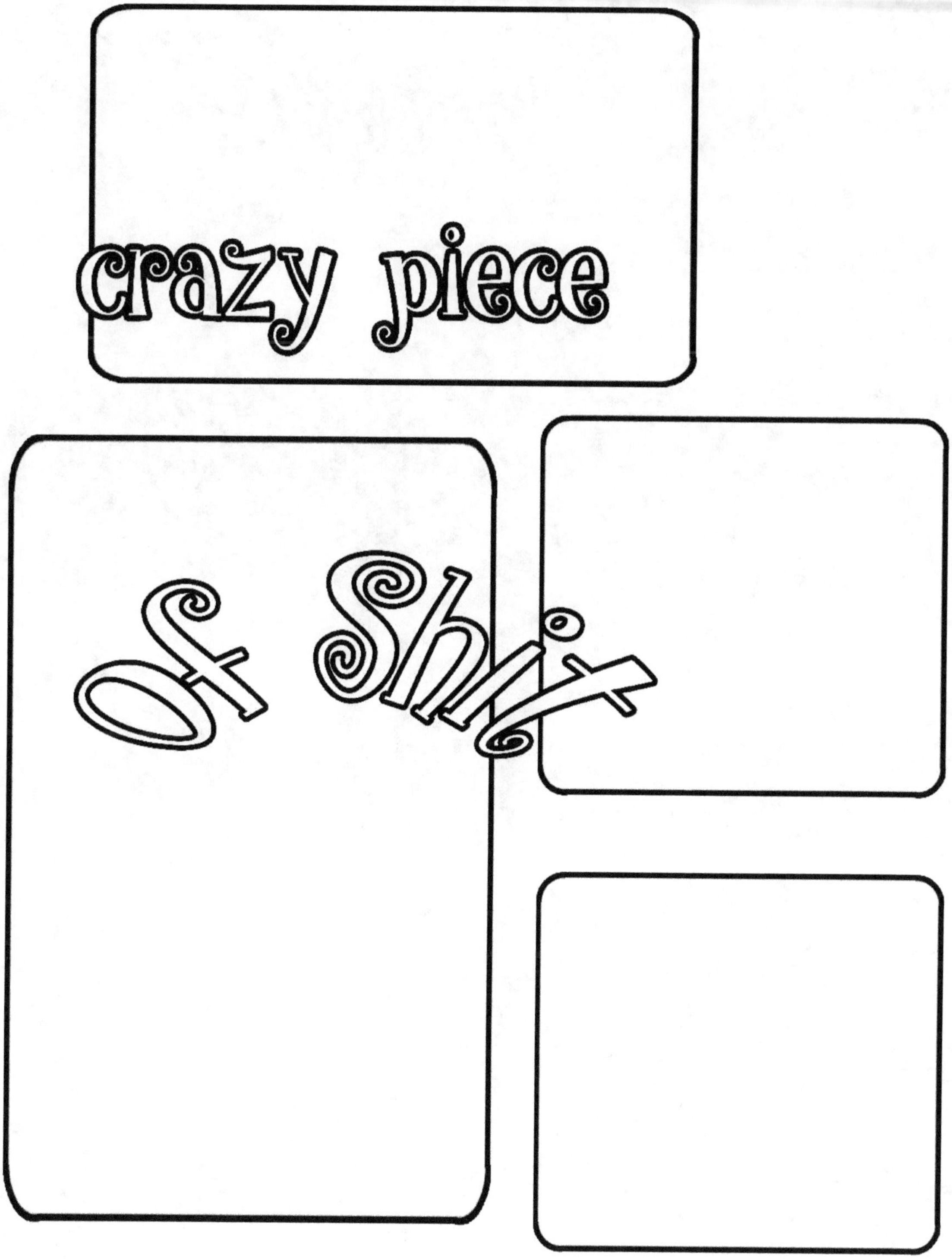
crazy piece
of Shit

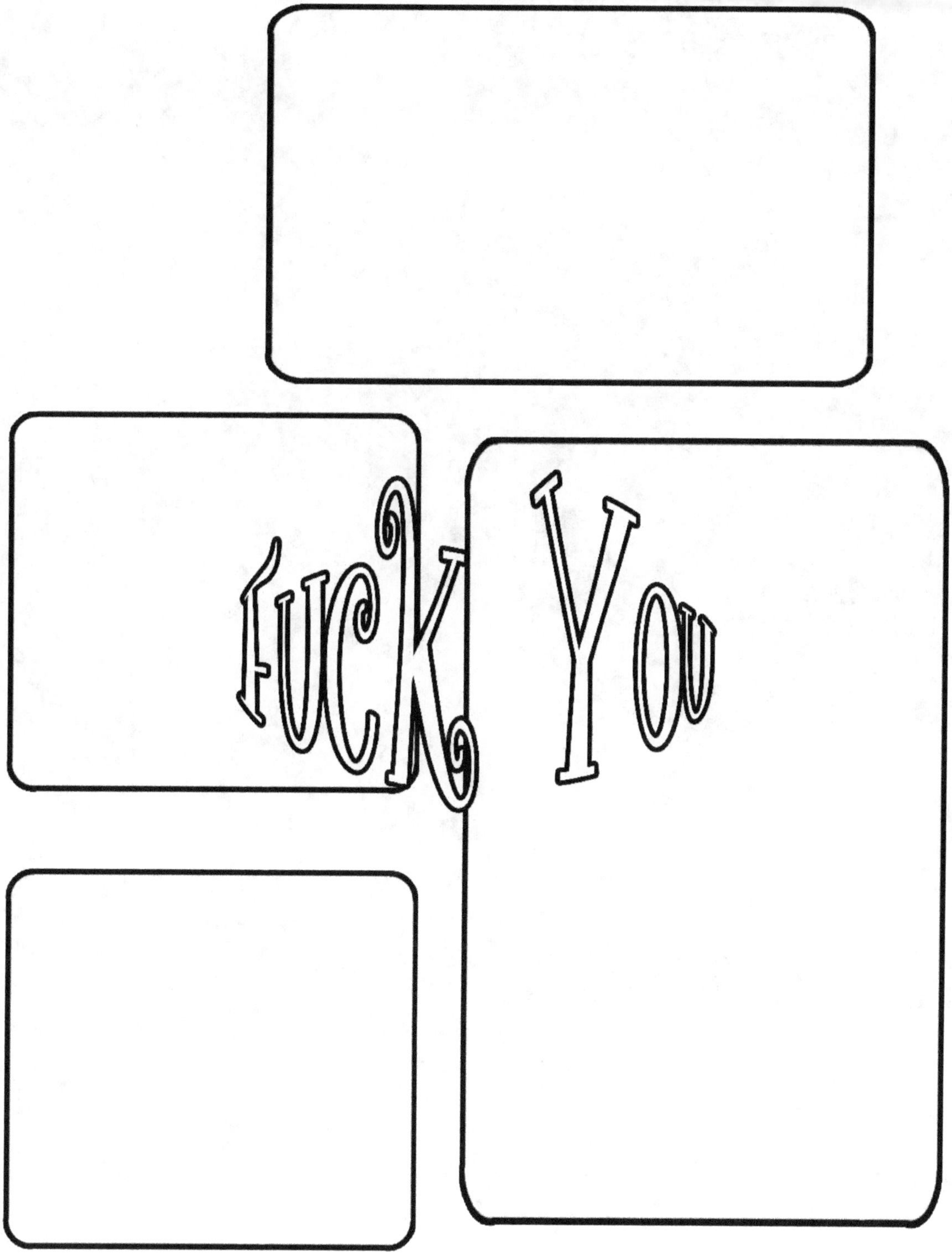
FUCK YOU

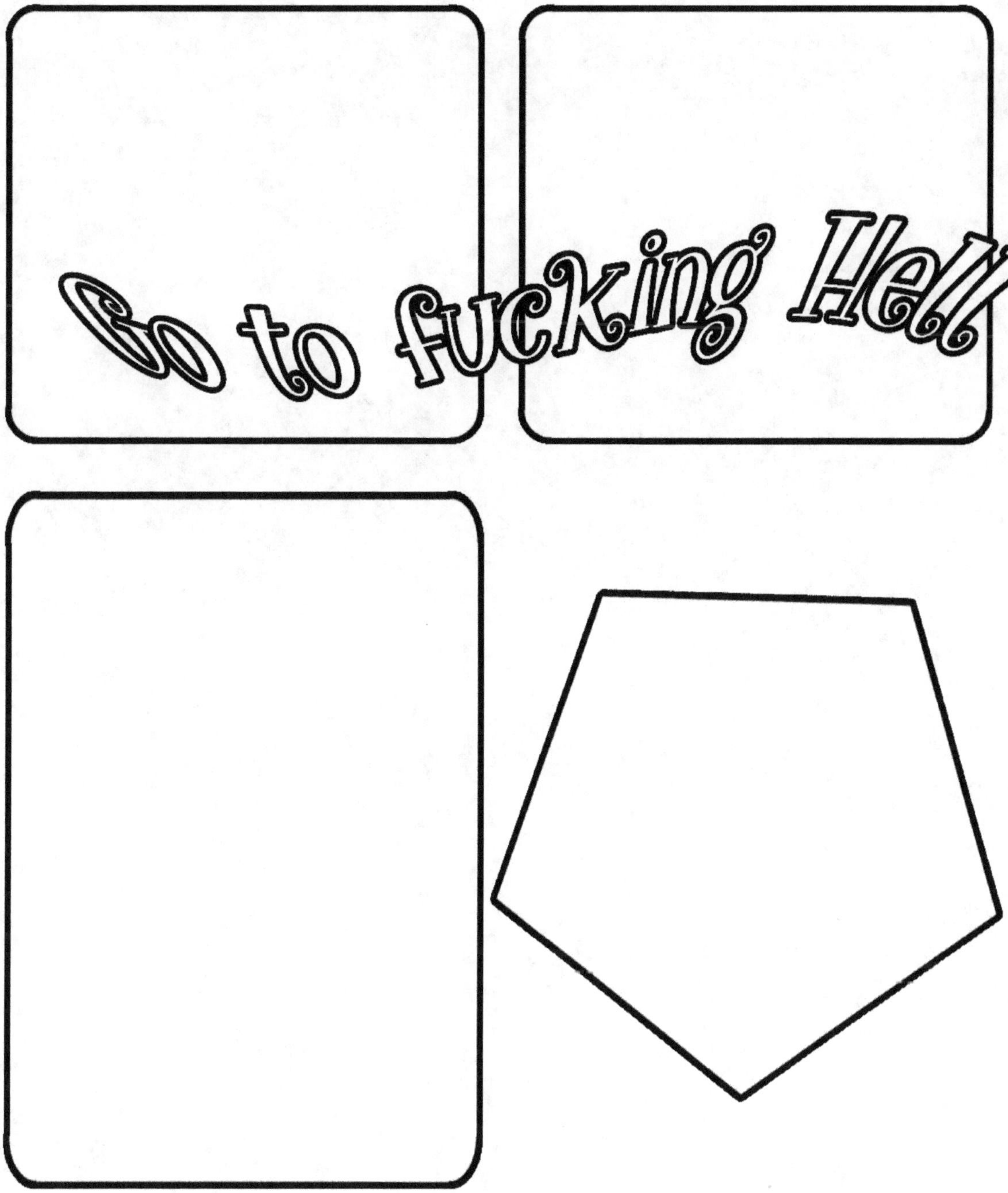
Go to fucking Hell

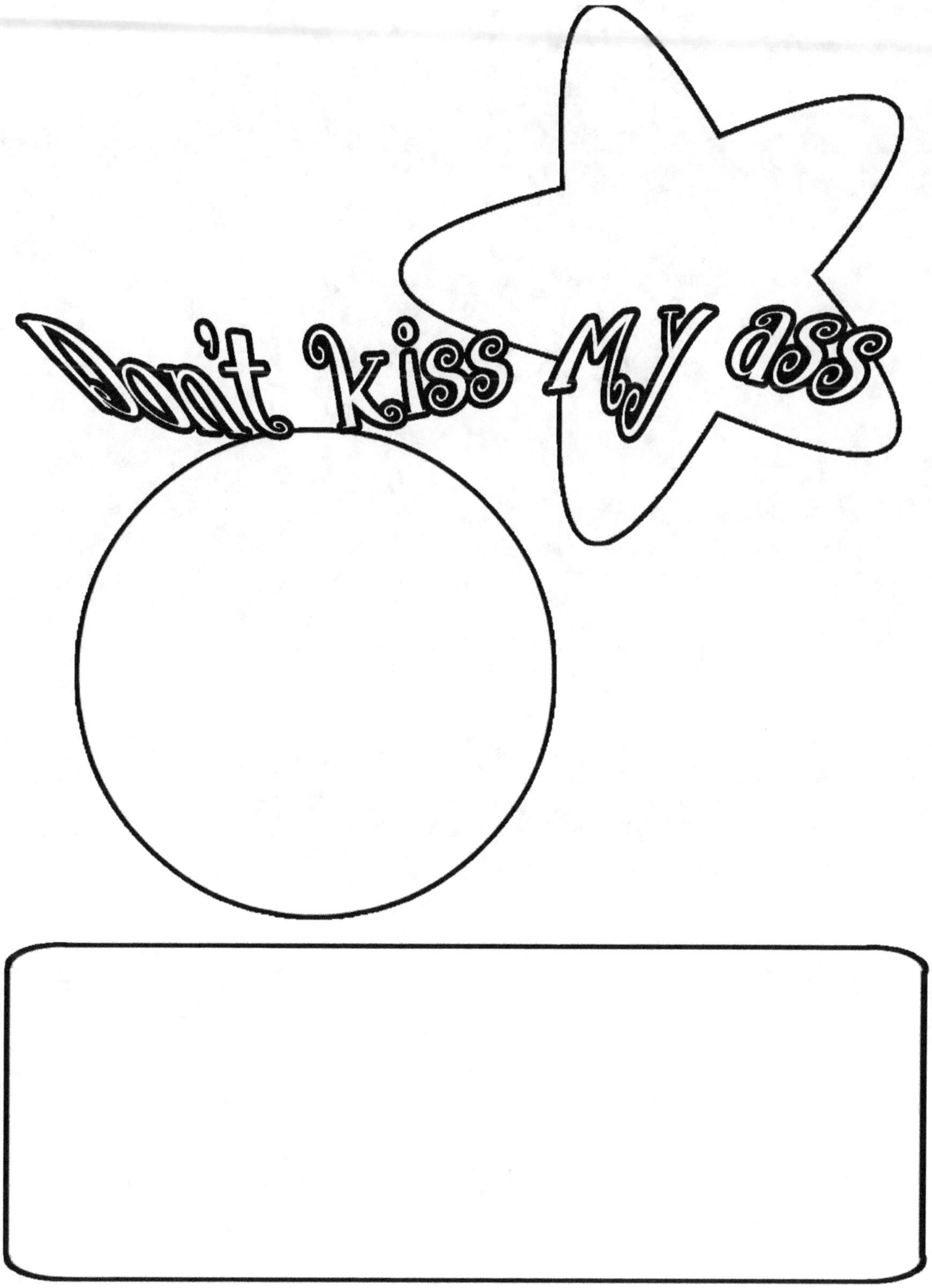
Don't kiss my ass

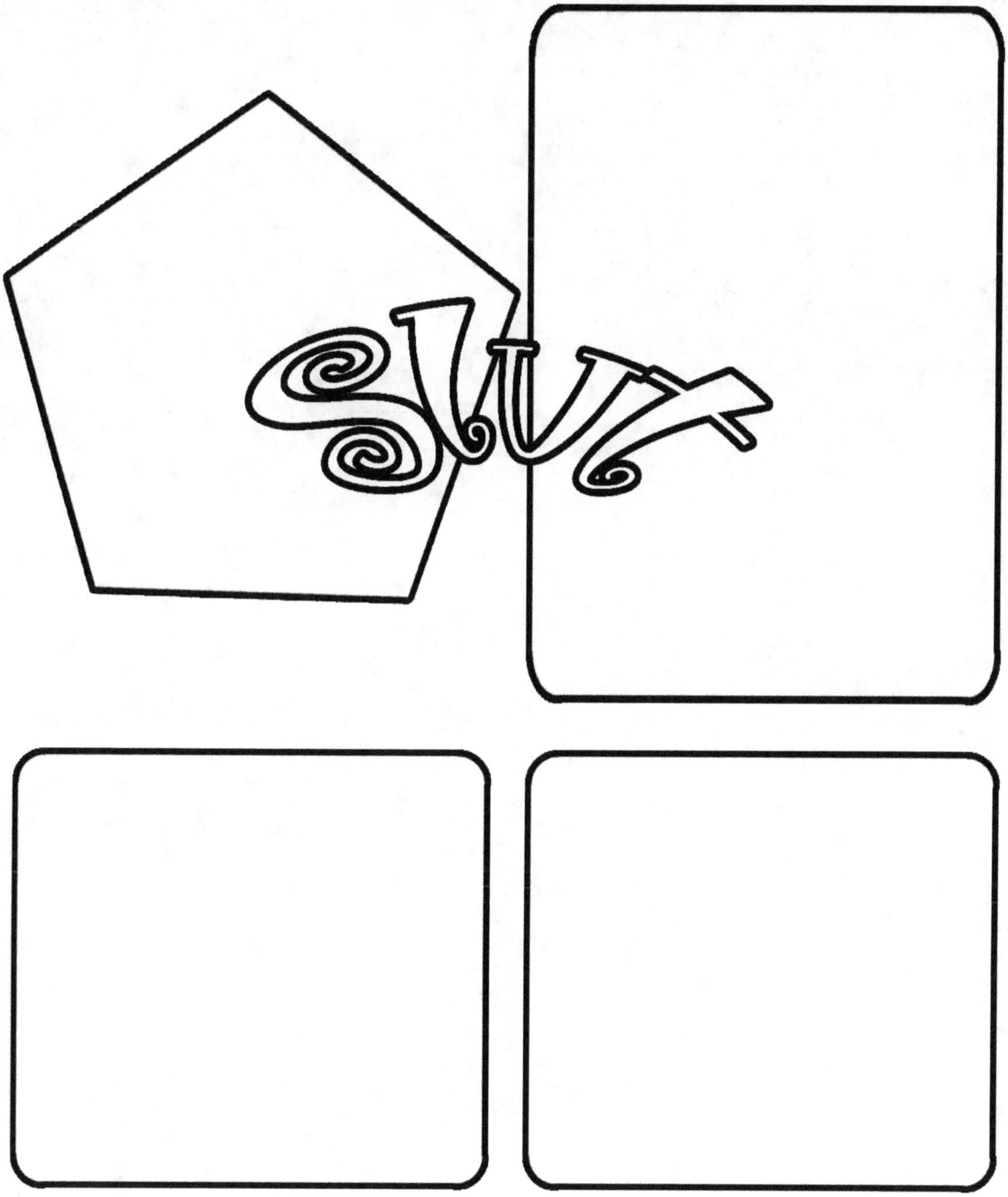

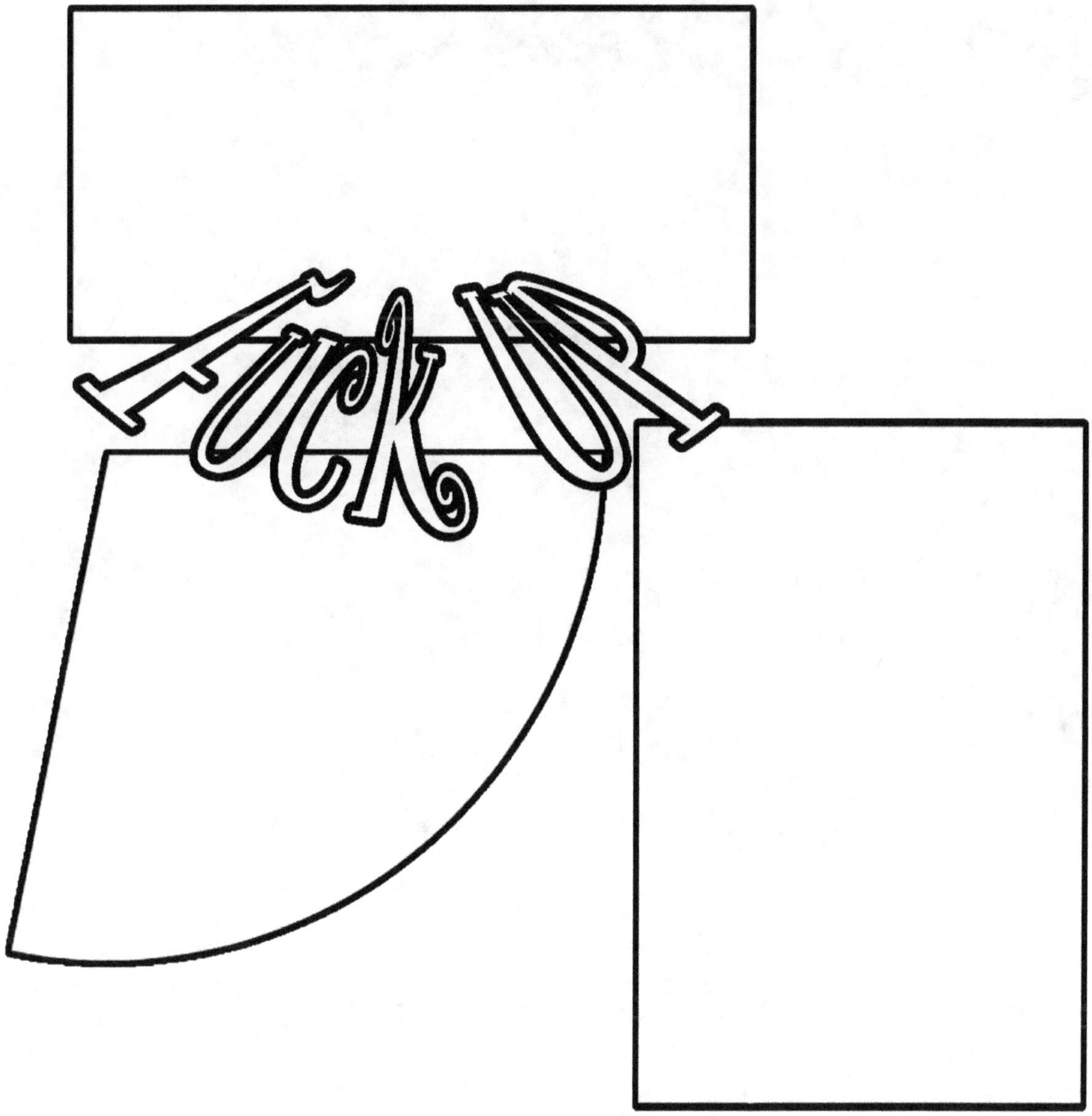
FUCK UP

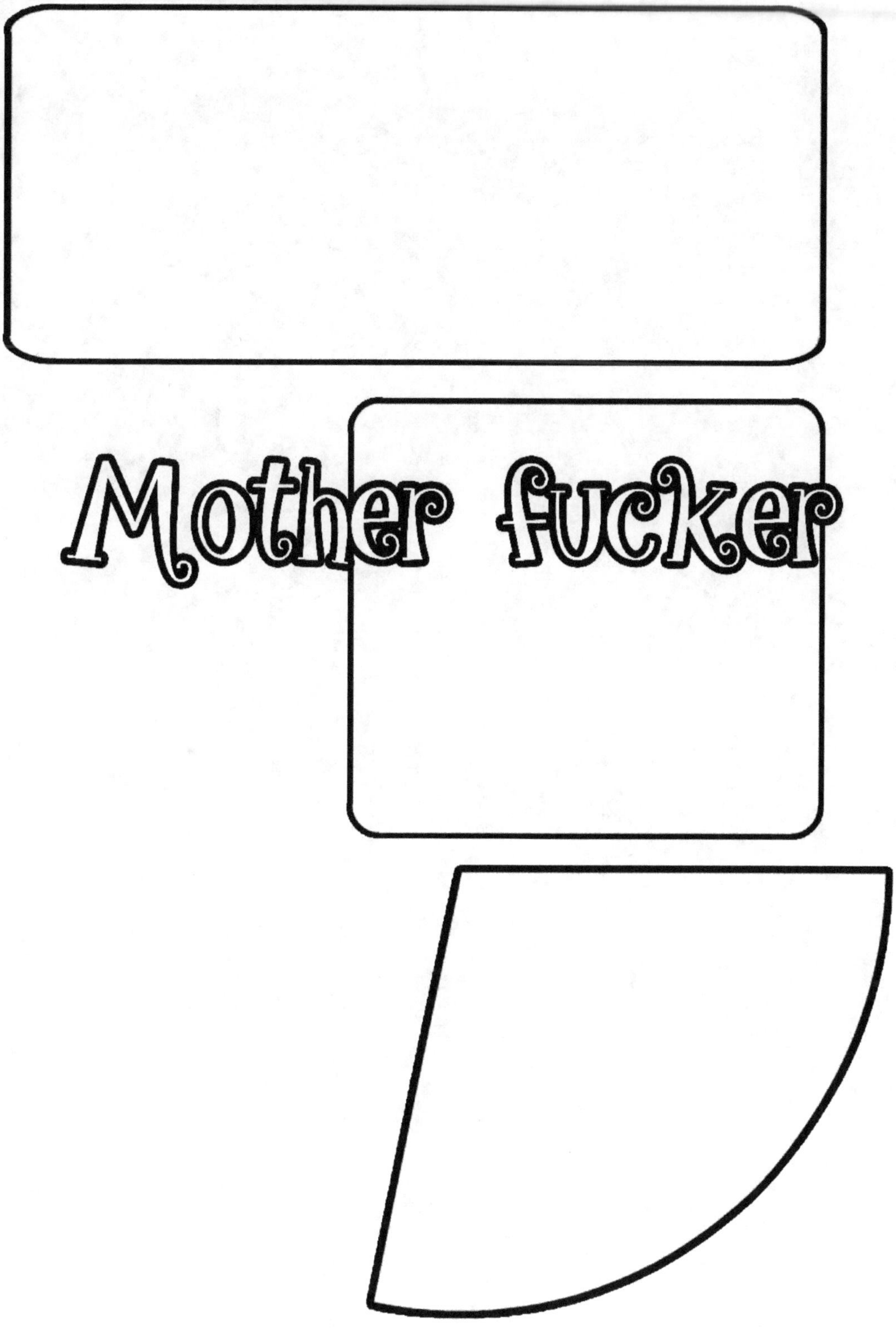
Mother fucker

www.ingramcontent.com/pod-product-compliance
Lightning Source LLC
Chambersburg PA
CBHW081128180526
45170CB00008B/3049
* 9 7 8 1 5 4 2 5 3 7 7 1 1 *